DE

LA SAINTE-ALLIANCE

ET

DU PROCHAIN CONGRÈS.

On trouve aux mêmes adresses, la brochure *DES PAR-*
TIS en FRANCE et dans la Chambre des Députés,
pendant la session de 1822.

DE

LA SAINTE-ALLIANCE

ET

DU PROCHAIN CONGRÈS.

PARIS,

CHEZ

L'ÉDITEUR, au bureau des TABLETTES-UNIVERSELLES, rue Rameau, n° 6.

PONTHIEU, libraire, Palais-Royal, galerie de Bois, n° 252.

BECHET aîné, quai des Augustins, n° 57.

1822.

DE

LA SAINTE-ALLIANCE

ET

DU PROCHAIN CONGRÈS.

—————————⸺—————————

NAPOLÉON, embarqué pour Sainte-Hélène, venait de clore le dernier acte de sa vie politique. Tout frémissait encore de l'ébranlement qu'il avait donné au monde, quand les souverains se rasseyant sur leurs trônes, décidèrent que le temps était venu de s'y reposer. La Sainte-Alliance s'imposa tout-à-coup à l'Europe, comme le sceau de Salomon, pour y enchaîner l'esprit de changement. On dit aux flots, vous êtes appaisés, aux peuples, vous êtes tranquilles ; tout demeurera à sa place, rien ne prendra dans le monde une face ni une forme nouvelle, car les maîtres du monde ont regardé l'état des choses, et ils ont trouvé que cela était bon.

On ne se proposait point, en formant ce dessein, de fonder en Europe un système politique.

Dans un système, les faits se rattachent à un principe général, mais ils demeurent divers et progressifs ; ils s'enchaînent dans un certain ordre et selon certaines lois ; mais cet ordre et ces lois n'ont pour but que de maintenir, au milieu de leur diversité et de leurs progrès, le principe qui doit les régler. Le système de l'équilibre européen, qu'il fût bien ou mal entendu, praticable ou impossible, ne prétendait point à rendre l'Europe stationnaire ; il voulait seulement ramener sous une même loi tous les changemens que l'Europe pouvait subir, afin d'empêcher qu'ils ne devinssent des bouleversemens. Il devait produire, et a produit de nouvelles combinaisons diplomatiques, des ruptures de traités, des guerres, des changemens de circonscription ; des états se sont agrandis, d'autres ont disparu, et le système poursuivait son but à travers les vicissitudes des nations, sans que personne songeât à établir en Europe l'immobilité au lieu de l'équilibre.

C'est l'immobilité que la Sainte-Alliance a voulu fonder ; c'est un fait permanent, un état invariable qu'elle a prétendu garantir. La paix perpétuelle était le but de l'entreprise ; l'inaction universelle en était le moyen. Les liens d'un pacte indissoluble allaient assujétir l'Europe au repos décrété par ses princes, toujours prêts à réunir leurs efforts dans un congrès pour remonter les ressorts compressifs de la machine, dès qu'un commencement d'action menacerait de se manifester. Ainsi, pour prévenir les dangers qui amènent la mort, devait être arrêté partout le mouvement de la vie; ainsi les anciens ou nouveaux états de l'Europe devaient désormais conserver leurs formes impérissables, afin que, pareils aux momies enfermées dans les pyramides, ses peuples traversassent les siècles sans avoir ni vécu ni péri.

Vouée à ce dessein, fondée pour empêcher que rien ne changeât autour d'elle, la Sainte-Alliance elle-même a changé. Ce qu'elle était à son origine, elle ne l'est plus; ce qu'elle est encore aujourd'hui, elle cessera bientôt de l'être. Elle a changé de chefs comme d'intentions, de but comme de moyens, de situation comme de langage; et déjà, de tout ce qu'elle avait promis de conserver, il ne lui reste plus à elle-même que sa forme et son nom.

Quelle fut la première conception de la Sainte-Alliance?

Après vingt ans de guerre, de bouleversemens d'états, après tant de trônes renversés, tant de dynasties chassées, ou amenées par les armes étrangères, la force matérielle semblait avoir pris possession de l'Europe. Les peuples se lassaient de n'être plus que ses instrumens ou ses victimes, de changer sans cesse, au gré de la victoire, de maîtres et de concitoyens. Le besoin de mettre un terme à cette influence brutale qui humiliait l'homme en désolant le monde, était devenu presque universel, et le sentiment des souffrances que l'humanité venait de subir avait réveillé quelque souvenir de sa dignité.

L'empereur Alexandre fut accessible à cette impression commune des esprits en Europe. Les habitudes du despotisme et les idées de la philanthropie s'associaient dans son âme, naturellement douce et généreuse ; il voulait aux hommes tout le bien qu'un monarque absolu croit pouvoir leur procurer. Les croyances et les émotions religieuses exerçaient sur lui un grand empire. Il se regarda comme l'apôtre puissant de l'ordre , du droit, de la stabilité, de la légitimité universelle, comme le missionnaire armé de la paix. Il se flatta que le bonheur du monde ne demanderait rien de plus que le maintien de cette paix, si long-temps interrompue. Pour en assurer la durée, il suffisait que les souverains s'engageassent réciproquement à ne pas souffrir que rien la vînt troubler. Il se fit le promoteur et le centre de cet engagement, se chargea du rôle de la Providence et entreprit de faire d'office, par la seule entremise des monarques et de leurs ministres, le bonheur du genre humain.

Ce fut dans cette religieuse confiance en lui-même que l'empereur Alexandre forma la Sainte-Alliance. Maintenir la paix en Europe, en garantissant l'inamovibilité des frontières comme celle des dynasties, voilà ce que voulut d'abord cette coalition singulière, ce que s'en promit son créateur.

Les vieux diplomates scellèrent en souriant ce pacte pieux. Ils n'étaient pas accoutumés à conclure leurs traités sous les auspices de telles idées, ni dans un tel langage; mais ils savaient trop bien les choses de ce monde pour ne pas entrevoir les moyens de despotisme qu'allait leur fournir cette tentative inusitée; et ils s'enfermèrent avec joie dans le conclave où les lumières du St.-Esprit devaient diriger la puissance temporelle dans le soin du repos du monde.

Les peuples ne s'y trompèrent pas plus que les diplomates. Ils comprirent facilement que la coalition de tous les souverains n'était pas bien nécessaire pour maintenir l'Europe en paix, quand personne ne voulait plus de la guerre, et que la Sainte-Alliance, pour avoir quelque chose à faire, ferait bientôt tout autre chose que ce qu'elle avait promis. Évidemment, ce n'était plus dans l'esprit militaire que résidait le principe d'agitation. L'élan de la victoire n'animait plus aucun des peuples de l'Europe. Ceux qui venaient de l'obtenir, encore trop voisins du temps où ils l'avaient subie, n'en jouissaient que comme d'une délivrance. Le besoin d'une revanche s'agitait peut-être dans l'âme des vaincus, mais des intérêts plus pressans appelaient, vers un autre avenir, le mouvement des esprits et les inquiétudes de l'imagination.

Dans le nord de l'Europe, l'impulsion qui avait chassé l'étranger était née au sein des peuples; les Allemands disaient hautement qu'ils n'avaient pas délivré leurs rois du joug d'un maître, pour retomber eux-mêmes sous le joug; et les engagemens des rois avaient, dit-on, promis à leurs libérateurs la réforme du gouvernement. Les nations du midi venaient de renouer avec leurs anciennes dynasties, et sentaient le besoin de régler les articles de cette nouvelle situation. Partout était venu pour les peuples le moment de fonder de nouveaux droits ou de consolider des droits acquis. Tous les intérêts sociaux avaient été récemment compromis par la guerre et le despotisme. La paix n'était que la moitié des garanties dont ils avaient besoin; il y fallait encore celles des institutions. Un débat devait donc nécessairement s'élever entre les souverains et les peuples. Il n'était pas difficile de prévoir que les peuples, sous ce rapport, avaient moins à espérer qu'à craindre d'une alliance personnelle et universelle entre les souverains. Elle excita donc de vives et légitimes sollicitudes: la sollicitude enfanta la passion, et la liberté qui craignait d'avoir à se défendre en prit une expression plus menaçante.

Alors la Sainte-Alliance, de son côté, vit clairement à qui elle allait avoir affaire. La question fut des deux parts nettement posée; tout le monde sut qu'il s'agissait, pour les souverains unis, de maintenir non plus les frontières des états, mais les frontières du pouvoir; de repousser non plus l'invasion de l'étranger, mais les progrès de la liberté intérieure et les espérances des citoyens.

La Sainte-Alliance sortit dès-lors des théories philanthropiques dont son créateur avait enveloppé son berceau, pour rentrer dans les voies battues d'une administration tracassière. C'était la paix et le *statu quo* extérieur qu'elle avait promis. On vit bientôt qu'elle allait employer les loisirs de la paix à fonder une police européenne, pour maintenir, par une guerre sourde mais infatigable, *le statu quo* intérieur le plus absolu.

L'Espagne et l'Italie lui donnèrent d'abord peu de souci. Par leur régime politique, autant que par leur situation géographique, les deux péninsules semblaient séparées du mouvement qui s'annonçait ailleurs. A la vérité les souffrances d'un peuple généreux pouvaient inspirer quelque inquiétude sur sa patience; on pouvait craindre qu'en combattant pour l'indépendance, les Espagnols ne se fussent accoutumés à la liberté; on pouvait prévoir qu'ils demanderaient à leur roi quelque prix des sacrifices qu'ils avaient faits pour lui conserver son trône, quelque compte de ce qu'il leur en coûtait pour le lui avoir rendu. La Sainte-Alliance ne tourna point de ce côté ses regards; les progrès du despotisme ne lui parurent point une infraction du *statu quo* dont elle voulait le maintien; et son silence ou la parfaite inutilité de son intervention, ailleurs si efficace, prouva clairement qu'en obligeant les souverains les uns envers les autres, elle n'entendait point faire partager aux peuples les garanties de cette solidarité.

Mais tandis qu'à l'ombre du principe de l'indépendance des souverains, le despotisme se déployait tranquillement en Espagne, l'indépendance des peuples était déjà considérée en France et en Allemagne comme un pressant danger. Au moment où le congrès d'Aix-la-Chapelle refusait d'appeler dans son sein un plénipotentiaire espagnol, et d'intervenir, par voie de conseil, entre l'Espagne et ses colonies, il portait sur l'intérieur de l'Allemagne et de la France son impérieuse sollicitude. Il créait ou sanctionnait en Allemagne ces hautes commissions de la presse, destinées à retirer aux petits souverains le pouvoir de faire grâce à la liberté de leurs sujets. Il demandait à la France le sacrifice de la dignité qu'elle avait conservée dans ses revers.

Sous le poids de l'occupation étrangère, non-seulement la force morale de la France ne s'était point abattue, mais sa force matérielle commençait à renaître. Un ministre à qui le parti anti-national n'avait rien à reprocher que son attachement aux intérêts de la patrie, un général à qui ses talens et son caractère assuraient la confiance des soldats, le maréchal Gouvion Saint-Cyr travaillait à rendre à la France une armée; il la voulait capable de protéger l'indépendance nationale, de rallier autour du trône et les souvenirs de notre gloire militaire, et ces légitimes désirs d'égalité, qui demandent des droits pour les services, des espérances légales pour le mérite. L'exis-

tence d'une telle armée fondée sur de tels principes, jeta l'alarme dans la Sainte-Alliance tout
entière. Il fut décidé que la France ne pouvait
avoir une armée, et une armée en harmonie avec
ses institutions, sans que l'Europe n'eût droit de
redouter de nouvelles révolutions, de nouvelles
conquêtes; et s'il faut en croire des bruits ap-
puyés sur de grandes vraissemblances, le renvoi
du maréchal Gouvion Saint-Cyr fut un des points
débattus dans les conversations d'Aix-la-Chapelle.

La Sainte-Alliance put voir dès-lors que cette
opinion publique, dont elle commençait à s'ef-
frayer, serait pour elle un ennemi plus redou-
table qu'elle ne l'avait d'abord pensé. En Allemagne, l'influence de l'opinion pénétra jusque
dans la haute commission de Mayence, dont elle
paralysa, en quelque sorte, les immenses pou-
voirs. En France, elle défendit le ministre dont
on avait craint la popularité, et l'attaque dirigée
contre le maréchal Gouvion Saint-Cyr, précipita
la chute du ministère qui avait eu l'imprudence
de la vouloir, ou la faiblesse d'y consentir.

Tout commençait à se révéler. La Sainte-
Alliance changeait peu à peu de caractère; par-
lant toujours au nom de la paix, elle avait commencé les hostilités contre l'indépendance des
peuples, et les avait commencées par une défaite.

Lorsque beaucoup de fautes et quelques malheurs amenèrent en France le renversement de
ce ministère de 1819, dont l'opinion avait si bien
accueilli les premiers pas, la Sainte-Alliance se
crut sauvée; elle se flatta qu'elle allait désormais
rentrer dans sa politique stationnaire, sans être
forcée de révéler plus clairement encore le secret
de sa nature, par la nécessité de s'engager plus
avant contre de nouveaux dangers.

La Sainte-Alliance se trompait. Rassurée sur
l'Allemagne et la France, elle se vit contrainte
de porter ses craintes ailleurs. L'Espagne reprit
brusquement la constitution qu'elle s'était don-
née en défendant contre l'étranger son territoire
et la dynastie de ses rois. Pour étouffer tout-à-
coup ce nouveau principe du mouvement, la
Sainte-Alliance manquait de prétextes et redou-
tait les périls de l'entreprise. Le *statu quo* diplo-
matique de l'Europe n'était point compromis;
on n'osait encore proclamer que tout changement
dans la constitution intérieure d'un royaume était
un attentat contre la coalition européenne. Tout
en grondant elle hésita; mais bientôt lui vinrent
des prétextes pour se déclarer. A l'exemple de
l'Espagne, Naples et le Piémont essayèrent de pren-
dre part aux progrès de la civilisation politique
en Europe. Les frontières de l'Autriche étaient

menacées dans le Milanais. L'occasion fut aussi-tôt saisie. Ce ne fut plus par des négociations, des transactions, des manœuvres occultes, que la Sainte-Alliance entreprit de maintenir le *statu quo* européen. La pacifique intervention du congrès de Laybach mit partout des troupes en mouvement; et pour affermir la domination de l'Autriche sur le Milanais, l'empereur Alexandre consentit à se tenir en seconde ligne, laissant les armées autrichiennes envahir l'Italie, pour y servir de conseil aux souverains en débat avec leurs sujets.

Alors a éclaté la métamorphose de la Sainte-Alliance; alors s'est évanoui ce prestige d'amour pour la paix universelle, et de respect pour l'indépendance des états, dont elle s'était d'abord entourée; alors on a vu clairement qu'il était, sinon dans son intention primitive, du moins dans les nécessités progressives de sa nature, de tourner contre les constitutions le pacte formé contre les conquêtes, de détruire l'indépendance des peuples au nom de l'indépendance des souverains, d'employer enfin à la guerre du pouvoir absolu contre la liberté, les forces qu'elle avait vouées au maintien de la paix.

En changeant ainsi de nature, la Sainte-Alliance a également changé de chef. Elle a échappé aux mains comme aux premières vues de l'empereur Alexandre, pour aller se placer aux mains et se subordonner aux vues de M. de Metternich. Ce sont maintenant l'Autriche et M. de Metternich qui dirigent la coalition européenne, l'animent de leur esprit, et en disposent selon leur intérêt. Le caractère philanthropique et la direction pieuse que l'empereur Alexandre avait voulu lui donner, ne sont plus qu'un souvenir déjà lointain et sans aucune influence. Les intérêts de la Russie ne sont plus que des intérêts secondaires. L'empereur Alexandre est un grand souverain, et M. de Metternich n'est qu'un premier ministre ; mais cette illusion des situations extérieures n'empêche point que l'empereur n'ait cédé au premier ministre, et pour des desseins qui n'étaient pas les siens, cette domination de l'Europe dont il s'était promis d'être le pacifique régulateur.

Ce changement de position de l'empereur Alexandre n'est pas le seul qui ait poussé la Sainte-Alliance hors de son premier caractère. En France et en Angleterre, les hommes qui en avaient d'abord serré avec lui les nœuds ont disparu. La mort de M. de Richelieu a suivi de près la chute de son dernier ministère ; lord Londonderry vient de mourir ; d'autres hommes apportent maintenant dans la coalition européenne

2

des situations différentes, d'autres intentions
d'autres nécessités.

Le ministère français qui s'associa le premier
à la Sainte-Alliance, était, par sa position et le
caractère de son chef, merveilleusement adapté
à ces desseins de permanence absolue et d'inaction dont elle avait d'abord fait sa loi. M. de
Richelieu voulait l'immobilité en France, comme
la Sainte-Alliance la voulait en Europe. Lié à la
cour par ses antécédens, et pourtant ami de son
pays, incessamment appliqué à combiner les petits ressorts de l'équilibre impossible qu'il espé-
rait établir entre l'ancien régime et la France
nouvelle, il tremblait à chaque instant que le
moindre souffle ne vînt détruire son fragile ou-
vrage. Le régime constitutionnel, partie inté-
grante du *statu quo* de la France après 1814, et
le parti de l'ancien régime rendu à l'espoir par
sa nouvelle situation, menaçaient tour-à-tour ce
système stationnaire. Maintenir le régime constitutionnel en arrêtant le mouvement qui fait sa
vie; contenir le parti contre – révolutionnaire,
en s'opposant aux progrès des institutions qui
auraient pu le paralyser, tel était le chimérique
effort que tentait M. de Richelieu, et sous lequel
il devait succomber. Mais le projet était en harmonie avec le plan primitif de la Sainte-Alliance;

aussi le parti contre-révolutionnaire, mis en mouvement par la secousse du 20 mars, fut-il d'abord l'ennemi contre lequel elle dirigea son influence. Les notes diplomatiques de cette époque le prouvent; et l'ambassadeur de la Russie, M. le comte Pozzo di Borgo, proclama, dit-on, hautement que l'ordonnance du 5 septembre 1816 sauvait la tranquillité de l'Europe, compromise par la chambre de 1815. C'est donc avec un ministère constitutionnel, au moins d'intention, que la Sainte-Alliance fut d'abord conclue; c'était comme ministre opposé à la contre-révolution que M. de Richelieu avait obtenu la confiance des souverains de l'Europe, et recevait leur appui; et lorsque les événemens de 1820 le rappelèrent au ministère, ce fut encore pour empêcher la complète invasion de la contre-révolution imminente, qu'on lui demanda instamment de s'y replacer. Mais c'était des mains de la contre-révolution elle-même qu'il recevait le pouvoir dont il voulait se servir pour la ralentir; elle ne le lui livra qu'aux conditions dont elle avait besoin pour triompher de lui. Dominé, entraîné, il suivit avec répugnance, mais sans s'arrêter, le cours nouveau où entraient les gouvernemens de l'Europe, et succomba enfin, destiné à prouver par ses deux chutes, l'impossibilité de ce système stationnaire qu'il

avait tour-à-tour voulu opposer à l'un et à l'autre parti.

Le ministère qui a succédé à M. de Richelieu
est entré, comme lui, dans la Sainte-Alliance ;
mais ce n'est plus, à coup sûr, l'immobilité de
la France qu'il peut et veut lui promettre. Quoiqu'on puisse penser des intentions et des résultats,
le ministère actuel est évidemment destiné à ne
point demeurer stationnaire ; un parti l'a enfanté
et ne le soutient que pour le pousser. Il est pas-
sionné et agressif. Le mouvement est la condition de son existence. Il apporte donc dans
la Sainte-Alliance de 1822 un élément tout
contraire à celui qu'apportait M. de Richelieu dans la Sainte-Alliance de 1815 ; et quant
à la France, la coalition européenne a tout-à-
fait changé.

Les conséquences de la mort de lord Londonderry sont moins simples, mais non moins
importantes.

L'Angleterre n'avait accédé à la Sainte-Alliance
qu'avec réserve et sans en accepter ostensible-
ment la solidarité. Nul ministère anglais n'eût
osé ni pu compromettre de la sorte, l'indépendance de son pays. Cependant, les principes et
les effets généraux de la coalition convenaient à
lord Londonderry et à ses collègues ; l'intérêt
commercial de l'Angleterre et l'intérêt politique

de l'aristocratie qui la gouverne, exigeaient le maintien absolu du système stationnaire et de la paix.

La longue lutte du gouvernement anglais contre Napoléon l'avait contraint d'élever les impôts à un taux excessif. La nécessité de les diminuer était impérieuse. La paix en offrait les moyens. Une guerre nationale eût pu seule déterminer les Anglais à subir encore de grands sacrifices, et le temps des guerres nationales était passé. Les peuples n'avaient plus rien à se demander les uns aux autres, et l'Angleterre eût difficilement accepté l'obligation de s'imposer de nouvelles charges pour conserver à l'Autriche ses possessions en Italie. Cependant une guerre faite en Europe, sans le consentement et le concours de l'Angleterre, eût élevé, quel que fût le vainqueur, une influence au-dessus de la sienne, et compromis les relations commerciales qu'elle s'appliquait à étendre ou à maintenir partout.

La paix était donc indispensable aux intérêts matériels du pays. Elle ne l'était pas moins aux intérêts politiques du ministère et de son parti. L'Angleterre est gouvernée aujourd'hui par des habitudes, de salutaires habitudes dont le seul défaut est de n'avoir pas subi depuis long-temps la nécessité de se retremper dans les principes où elles ont puisé leur origine. La possession tranquille de droits réels et d'une liberté véritable, a fait tomber en désuétude les idées générales, les vérités premières sur lesquelles repose l'organisation sociale. La plupart des Anglais, contens de ce qu'ils possèdent et soigneux de le défendre dans la pratique de la vie, s'inquiètent peu d'en scruter les principes philosophiques, et de savoir si, en raison du développement matériel et moral de la société, ces principes n'exigent pas, pour les citoyens, de nouveaux droits, dans les institutions, de nouveaux progrès. Une aristocratie éclairée et forte, dont les intérêts s'accordent en ceci avec ceux du pouvoir, défend, au profit de tous, les libertés qu'elle a conquises jadis pour son compte, mais redoute l'invasion des idées qui lui imposeraient de grands sacrifices ou mettraient en péril ce privilége de la domination qu'elle a très-habilement conservé.

Depuis plus de trente ans, cependant, ces idées s'agitent en Europe, et surtout en France, avec une force dont l'Angleterre a ressenti la commotion. Pour prévenir l'invasion de l'esprit d'examen, M. Pitt lui fit une part. L'abolition de la traite des noirs et l'émancipation des catholiques furent reçues à discussion, comme les représentans de l'esprit du siècle, comme une satisfaction accordée à ces principes de justice légale et universelle qui commençaient à se précipiter contre l'édifice de l'ancienne société. Contente de cet hommage rendu à ses progrès, justement effrayée des crimes et des malheurs de la révolution française, la liberté de l'Angleterre se reposa, et le bail du pouvoir fut renouvelé.

Élève de M. Pitt, lord Londonderry a vécu sur ce bail; mais moins habile que son maître, il n'a su ni voulu accorder aux idées nouvelles aucun ménagement, aucune concession. Il les a traitées avec moins d'égards et plus d'inimitié que M. Pitt lui-même; il a entrepris de les repousser absolument; il s'est complètement séparé des vieux principes qui fondèrent jadis la liberté de son pays, est entré sans réserve dans la politique des gouvernemens absolus, et n'a songé qu'à rendre à l'Angleterre son organisation sociale, son aristocratie, ses lois inacessibles au mouvement et à l'influence des principes généreux qui éclataient sur le continent.

Tant qu'a duré la lutte de l'Angleterre avec Bonaparte, l'entreprise était aisée; après sa chute, elle est devenue plus laborieuse. L'esprit d'examen et de progrès, pendant quinze ans ralenti, a repris son cours, le cri de réforme parlementaire a redoublé d'énergie, les résultats inévitables de l'accumulation des propriétés de tout genre, dans un petit nombre de mains, se sont dévoilés; beaucoup d'idées que, depuis long-temps, en Angleterre, on avait perdu l'habitude de combattre, se sont de nouveau présentées aux esprits même qui ne consentent pas à les avouer.

Le parti radical, qui les soutient, est sans autorité, sans considération; des passions effrénées, de grossières erreurs et les imminens périls qui accompagneraient leur empire, le discréditent. Cependant le ministère et l'aristocratie le redoutent; et bien plus que tout autre parti; ils redoutent ce qu'il y a de légitime et de moral au fond des principes qu'il professe, bien plus que ses absurdités anti-sociales et ses fureurs. Pour prévenir ses progrès, pour empêcher les hommes sages de s'en rapprocher, il faut que les idées générales dont il abuse ne prennent nulle part un empire énergique et régulier, que partout elles conservent un caractère révolutionnaire, que nulle part la liberté ne se présente sous des formes mieux adaptées que celles de la liberté anglaise à l'esprit et aux sentimens de notre temps, que nulle part la société n'entre dans des voies plus simples, plus larges, plus ouvertes à toutes les espérances. L'immobilité politique du continent est impérieusement exigée par le système du ministère britannique, par les intérêts du parti qui le soutient.

L'immobilité politique et la paix, c'est là ce

que vit lord Londonderry dans la Sainte-Alliance, quand elle se forma, ce qu'il en accepta pour son pays. C'est aussi dans ce premier état qu'il s'est constamment efforcé de la retenir vers ce but primitif qu'il a toujours voulu la ramener. Il y exerçait et devait y exercer une grande influence. Doué d'un esprit assez ferme, d'une volonté forte, étranger à toute passion comme à tout principe, il avait sur la diplomatie du continent cette supériorité que l'habitude de traiter avec un pays libre donne aux adversaires même de la liberté. Le parlement britannique est une autre école que la cour de Vienne ; et le ministre qui en sort porte dans toutes les affaires une autorité, un aplomb, une solidité de jugement qui ne s'acquièrent dans les intrigues d'aucun palais. C'était là, sur le continent, la force personnelle de lord Londonderry qui, en revanche, recevait en Angleterre, une grande force de son crédit personnel sur le continent.

Quand il vit l'Espagne ressaisir, faute de mieux, la constitution des Cortès, l'Italie entrer dans les mêmes voies, et la Grèce en feu, il comprit sans peine que le système de la Sainte Alliance était en péril, non-seulement par les nouveaux adversaires qu'il rencontrerait en Europe, mais par les nécessités nouvelles, la nouvelle direction où la coalition elle-même allait être jetée.

Que la paix fût interrompue par une guerre contre des peuples ou entre des souverains, que l'immobilité cessât par le besoin de résister à l'ambition d'un homme ou de lutter à force ouverte contre une révolution, c'était toujours le mouvement au lieu de l'immobilité, la guerre au lieu de la paix. La Sainte-Alliance changeait par ce seul fait de situation et de caractère. Le ministère anglais n'y trouvait plus ce qu'il s'en était promis. Aussi tout en approuvant au fond l'expédition de l'Autriche en Italie, lord Londonderry crut-il devoir en séparer extérieurement sa politique ; elle ne pouvait s'engager aussi avant.

L'immobilité fut promptement rétablie en Italie. Il était plus mal aisé d'y faire rentrer l'Espagne ; lord Londonderry ne s'y trompa point. Les progrès de la France, riche et forte, dans le régime constitutionnel, l'avaient épouvanté ; les essais de l'Espagne, pauvre et isolée l'inquiétaient peu. Il pensa qu'en portant la guerre au-delà des Pyrénées, la Sainte-Alliance entamerait une entreprise dont les résultats étaient incertains, et pouvaient, en amenant des combinaisons ou des nécessités imprévues, porter à tout le système un coup fatal. Il combattit donc, de toute son influence dans la coalition, tout projet de guerre ouverte et active contre le nouveau gouvernement espagnol. Incriminer absolument cette révolution, isoler l'Espagne de l'Europe, fomenter dans son sein les dissentions intérieures, favoriser sous main les ennemis des Cortès; c'était là, selon lui, tout ce que devait faire la Sainte-Alliance. Une autre conduite lui vaudrait moins d'avantages qu'elle ne lui susciterait de périls. Livrée à elle-même, aux vices de sa constitution, à son inexpérience, à sa pauvreté, à ses discordes, l'Espagne lui semblait peu menaçante, et un danger plus pressant s'élevait ailleurs sur la coalition. Il fallait à tout prix empêcher l'empereur Alexandre de porter secours aux Grecs et d'atteindre le but que poursuivait depuis plus d'un siècle la politique de son empire; c'était par là que la Sainte-Alliance pouvait être compromise, et l'Europe lancée de nouveau dans un mouvement dont il était impossible de prévoir le terme et les effets.

Fidèle ainsi au système primitif de la coalition, lord Londonderry s'efforçait de le soutenir au milieu des événemens qui menaçaient de le dénaturer ou de l'ébranler, écartant la guerre de l'Espagne même pour qu'elle n'éclatât point contre la Turquie, et redoutant par-dessus tout que la moindre atteinte ne fût portée à l'immobilité.

Aussi, malgré sa méfiance de la Russie, vit-il,

avec grand regret, tomber en France le second ministère de M. de Richelieu. C'était celui dont la position et les vues n'avaient point cessé de correspondre à la position et aux vues premières de la Sainte-Alliance. On sait que les journaux ministériels de la Grande-Bretagne ont maltraité assez long-temps le ministère qui nous gouverne aujourd'hui. Lord Londonderry s'inquiétait de son origine; il voyait dans la domination du parti de l'ancien régime en France le principe d'un mouvement périlleux et le système stationnaire en danger. La politique qu'il ne voulait point abandonner devenait ainsi moins simple; il pouvait craindre ou d'être contraint de s'isoler des affaires du continent, ou que des nécessités inattendues ne vinssent lui en imposer trop absolument la responsabilité. Il s'était voué enfin à maintenir l'immobilité en Europe, comme M. de Richelieu la voulait fonder en France, et chaque jour l'entreprise devenait plus difficile, chaque jour menaçait de pousser hors de cette voie la Sainte-Alliance, ou quelqu'un des états qui la formaient.

On ne peut guère douter que la fatigue de cette situation que lord Londonderry avait à soutenir au milieu de la discussion publique, et en présence d'un pays libre, n'ait contribué au dérangement de son esprit, et à la catastrophe qui a terminé sa vie. Cet homme si froid, si indifférent, si obstiné, a senti sa force plier et son courage faiblir sous le poids dont il s'était chargé; et que l'inévitable progrès des événemens venait sans cesse aggraver. Depuis un an, on lui entendait dire : *Il faut que nous nous séparions, les affaires et moi;* lord Londonderry comptera au nombre des victimes offertes en holocauste à la Sainte-Alliance. M. de Richelieu l'avait précédé de bien peu, brisé comme lui, tout porte à le croire, contre des impossibilités auxquelles il n'a pas su se résigner, parce qu'il n'avait pas su les prévoir.

Après la mort de lord Londonderry, le ministère anglais s'est senti un moment embarrassé. Les deux principaux de ses membres, lord Liverpool et M. Peel, bien qu'unis dans la même administration, n'étaient point parfaitement homogènes; tory par principes, mais modéré par caractère, et investi, dans tous les partis, d'une grande considération personnelle, lord Liverpool tenait moins étroitement que lord Londonderry au système de la Sainte-Alliance; son langage dans la chambre des pairs l'a indiqué plus d'une fois. M. Peel, jeune encore, étranger à l'aristocratie du pays, passe dans la chambre des communes pour le représentant fidèle du parti anglican, c'est-à-

dire des torys les plus prononcés; s'il eût succédé à lord Londonderry, il l'eût peut-être
surpassé en dévouement à la cause du pouvoir
absolu. Il fallait choisir entre ces deux nuances
d'opinion. Lord Liverpool et le chancelier lord
Eldon ont été, dit-on, sur le point de se retirer;
enfin la question a été décidée, et sur les instances
de lord Liverpool auprès du roi, M. Canning est
entré au département des affaires étrangères.

Autant qu'on peut en juger, M. Canning ne
changera rien à la situation de l'Angleterre dans
la Sainte-Alliance, à sa politique à l'égard du
continent. Mais il ne peut avoir, sur la coalition
européenne, et pour la retenir dans ce premier
système dont elle est déjà si loin, l'influence
qu'exerçait lord Londonderry. En Angleterre
même, la considération politique de M. Canning
est faible et incertaine; il n'a point l'autorité qu'a-
vaient value à lord Londonderry la persévérance
de son caractère et la fermeté simple de sa raison.
C'est surtout de son talent oratoire que M. Canning tire son importance; sur le continent, il
n'apportera point, auprès des membres de la
coalition, ce crédit personnel qu'assuraient à
son prédécesseur, l'intimité des habitudes, la
communauté des premiers desseins, et cette faci-

lité des correspondances privées dont lord Londonderry s'est, dit-on, servi plus d'une fois avec succès.

Hommes et choses, tout est donc changé. Ce n'est plus la Sainte-Alliance de 1815, ni même celle de 1818 qui va se réunir au congrès de Vérone. Cette imprévoyante coalition n'a pu se tenir elle-même dans l'immobilité qu'elle prétendait imposer au monde. Malgré elle le temps a marché, poussant les peuples à l'action, et troublant le pouvoir dans son repos; chaque jour l'a contrainte de s'engager plus avant dans les périls qu'elle s'était promis de prévenir. Chaque jour l'a dénaturée et compromise. Voici en résumé à quel point de sa carrière elle est déjà parvenue, sous quels nouveaux auspices va s'ouvrir le prochain congrès, quelles forces nouvelles s'y présentent, quels changemens déjà accomplis en préparent d'autres pour l'avenir.

Quant aux hommes, en 1816, l'empereur Alexandre marchait à la tête de la Sainte-Alliance, aujourd'hui M. de Metternich en est l'âme et le chef.

En 1816, la France qui concourait de fait à la Sainte-Alliance, bien qu'elle n'y fût pas encore officiellement admise, y était représentée par un ministère qui voulait réduire à l'immobilité le parti de l'ancien régime aussi bien que le parti constitutionnel, qui trouvait même dans le parti constitutionnel, ses principaux alliés, dans le parti de l'ancien régime, ses plus violens adversaires. Elle y arrive aujourd'hui avec un ministère né du parti de l'ancien régime, et voué, par cette seule condition à un mouvement qui, pour être rétrograde, n'en sera que plus précipité et plus périlleux.

L'Angleterre qui, en 1816, était dans la plus grande harmonie avec la Sainte-Alliance tout entière, n'y apporte plus aujourd'hui les mêmes élémens d'intimité. Ce n'est pas que les vues du ministère anglais aient changé, mais la nature de son gouvernement et l'esprit public de son pays le retiennent d'autant plus que la coalition continentale avance plus loin dans les voies où elle est entrée. La position de M. Canning n'est pas plus simple que n'était celle de lord Londonderry, et elle est moins forte. L'Angleterre, sans se détacher de la Sainte-Alliance, a déjà commencé à s'en distinguer ; et malgré les protestations extérieures, malgré des efforts sincères même, cette distinction se marquera plus nettement de jour en jour.

Quant aux choses, ce n'est plus de la paix dont il s'agit, quoiqu'on se pare encore de ce beau nom. Quelle paix que celle qui se félicite de n'être point troublée en Grèce ! En 1816 et dans la pensée de l'empereur Alexandre, la paix était, il est vrai, le but de la coalition. Dans la pensée de M. de Metternich, la paix n'est qu'un moyen de soutenir la guerre du pouvoir contre les peuples ; et c'est à cette guerre que la coalition est maintenant vouée.

Se croira-t-elle forcée, contre l'Espagne du moins, de poursuivre sans retard la liberté par d'autres armes que celles dont la paix extérieure permet l'usage ? Le parti qui domine en France doit le penser. Tout porte à croire qu'il invoque contre les Cortès l'intervention armée de l'Europe, qu'il pousse son ministère à l'invoquer. Les dissentions intérieures de l'Espagne ne suffisent pas à rassurer ce parti. C'est de la destruction des Cortès, du rétablissement du pouvoir absolu qu'il a besoin. A ce prix seulement, il se croira en sûreté, et en mesure d'accomplir parmi nous ses propres desseins.

D'après certains bruits récemment répandus, le parti a déjà manifesté à Vienne son désir de porter la guerre au-delà des Pyrénées ; il a déjà formellement sollicité l'aveu et l'appui de la coalition. Mais on lui a répondu que tel n'était pas le dessein de l'Europe, que l'Autriche même ne

voulait livrer au hasard d'aucune guerre décla-
rée un système déjà très-difficile à maintenir, et
que le ministère français ne devait s'occuper
que de le défendre dans son propre pays.

Si ces bruits sont fondés, ils dévoilent clairement la position qu'occupe chacune des puis-
sances coalisées dans la route où elles marchent
maintenant.

En avant est le ministère français, poussé par
son parti à poursuivre partout la contre-révolution, ce qui n'est pas œuvre d'inaction et de
paix. Vient ensuite l'Autriche, appliquée à maintenir partout le pouvoir absolu, redoutant encore la guerre qui compromettrait le calme forcé
de l'Italie, décidée cependant à ne reculer devant
aucune nécessité. Derrière l'Autriche marche la
Russie, puissance effacée malgré sa force, qui
s'est laissée lier en Orient où elle avait affaire,
et se subordonne en Occident à l'influence au-
trichienne dont elle n'a rien à craindre ni à ga-
gner. En dernière ligne est placée l'Angleterre,
dont le ministère veut toujours l'immobilité du
continent, mais n'engage cependant pas toute
sa politique à celle de la coalition, et s'en isole-
rait dès qu'il y verrait un danger.

Si tels sont les faits, et c'est ainsi qu'ils se mon-
trent, si le congrès de Vérone ne prend pas en-

core contre l'Espagne ces résolutions décisives qu'on en avait d'abord attendues, que fera-t-il donc ? La coalition s'arrêtera-t-elle dans les voies où elle est entrée ? Les métamorphoses qu'elle a déjà subies n'iront-elles pas plus loin ? Tant qu'elle ne se dissoudra point, ou tant qu'elle persistera dans les principes qu'elle professe, cela ne se peut. Quand l'empereur Alexandre a formé la Sainte-Alliance, il ne prévoyait pas, à coup sûr, qu'elle le conduirait à sacrifier les Grecs au moment où ils se jetteraient dans ses bras, à livrer à l'Autriche l'Italie tout entière, à soutenir en France le parti qui renverserait le ministère de M. de Richelieu. Cependant tout cela est arrivé. Il ne prévoit pas aujourd'hui, ni M. de Metternich non plus, qu'en continuant de faire une guerre cachée à toutes les espérances des peuples, en s'opposant partout au progrès des institutions sollicitées par tant de besoins et de vœux, la Sainte-Alliance sera poussée à leur déclarer une guerre ouverte et hasardeuse ; que cette paix apparente qu'elle essaye encore de conserver, lui échappera comme lui ont échappé ses premiers desseins, qu'elle sera contrainte enfin de livrer, aux chances d'une lutte terrible, cette stabilité des gouvernemens dont elle s'était promis d'abord le bonheur des peuples, et qu'elle se flatte encore d'assurer aux dépens de leur liberté.

Un tel avenir vaut la peine qu'on y pense. Depuis 1815, la coalition a fait un pas immense dans le chemin qui y conduit.

FIN.

IMPRIMERIE DE CONSTANT-CHANTPIE,
Rue Sainte-Anne, n. 20.